La edad de oro de los barcos de vela

por Lisa M. Cocca

 HOUGHTON MIFFLIN HARCOURT
School Publishers

PHOTOGRAPHY CREDITS: 4 (b) Digital Stock; 10 (b) © Charles Smith/Corbis

All other photos © Houghton Mifflin Harcourt Publishers

All art © Houghton Mifflin Harcourt Publishers

Printed in China

ISBN-10: 0-547-26953-6
ISBN-13: 978-0-547-26953-5

3 4 5 6 7 8 0940 18 17 16 15 14 13 12 11 10

Un grupo de niños están escabullidos en un muelle mirando hacia el puerto. Miran cómo los hombres levantan y colocan cargamento en los barcos. Ven las olas del mar echando espuma al estrellarse contra los barcos. A los niños no les preocupa el trabajo pesado. Tampoco les preocupa el peligroso mar. Están muy ocupados fantaseando. Sueñan con un barco que pudiera navegar más rápidamente que cualquier otro barco en el puerto.

Una necesidad creciente

Los niños no eran las únicas personas fantaseando con barcos más rápidos en 1840. El mundo estaba creciendo y cambiando. La gente debía seguir el ritmo rápido de los cambios.

América tenía mucha riqueza en recursos naturales. Grandes bosques cubrían su suelo, proporcionando madera para muchos usos. La gente necesitaba construir casas, muebles y barcos. Gran parte del país estaba cubierto por tierra fértil. Esto hacía posible que los agricultores pudieran cultivar grandes cosechas. Los agricultores producían alimentos y vendían cosechas como la del algodón y el tabaco. Los metales y minerales como la sal también eran recursos importantes.

Los inventores también estaban ocupados construyendo máquinas. Las nuevas máquinas cortaban y daban forma a la madera más rápido que nunca. Otras, convertían el algodón en hilo y el hilo en ropa. Las máquinas trabajaban más deprisa y se fabricaban productos a precios más bajos.

Bolas de algodón listas para ser cosechadas.

El algodón era una cosecha importante en el comercio de América.

El convertir algodón en tela era un gran negocio. A mediados del siglo XIX, la producción se mudó de chozas a fábricas.

Telar

Más productos significaba una necesidad de más clientes. No había escasez de mercados en el mundo. Los pioneros habían cruzado el oeste hasta California. Los poblados nuevos crearon nuevos mercados. Estados Unidos tenía muchos recursos. Estos recursos y las máquinas nuevas se usaron para fabricar productos más rápidamente y por menos dinero. Esto abrió el mercado mundial para los productos estadounidenses.

Mucha gente se mudó a California antes de que empezara La fiebre del oro.

La expansión de los mercados alrededor
del mundo creó nuevos retos. ¿Cómo se
podía llevar los productos a los clientes? Los
nuevos caminos y trenes eran una ayuda pero
no resolvían el problema. Los vagones se
movían despacio en días de buen clima pero
no se movían en condiciones de mal clima.
Los trenes sólo podían ir por donde había
rieles. Un océano separaba a América de
Europa. Los barcos fueron la solución al
problema.

Barcos clíper

La población y la cantidad de productos fabricados aumentaba. El costo para enviar esos productos también. Los capitanes de barco sabían que entregando productos más deprisa y de forma segura, podían realizar más viajes y podían ganar más dinero.

La rapidez de los barcos de carga era traicionada por su ancho. Los barcos clíper navegaban más deprisa porque su parte delantera era más angosta. Por desgracia, la nueva forma de los barcos disminuyó el espacio para la carga.

La edad dorada de los barcos de vela también fue la edad dorada de la piratería. Los capitanes de barcos necesitaban mantener la seguridad de su tripulación y de su cargamento navegando más rápidamente que los barcos piratas.

Barcos clíper yanquis

¿Cómo se podía utilizar la rapidez de los clíper para transportar productos? Esta pregunta atormentó a un hombre llamado Nat Palmer. Nat sintió anhelos por el mar desde pequeño. Cuando era apenas un adolescente, Nat se convirtió por primera vez en capitán de barco.

Como muchos jóvenes a mediados del siglo XIX, a Nat le gustaba la velocidad. Él había visto muchos de los barcos pescadores largos y angostos de New England. Esto le dio la idea de un barco que usara de otra manera la parte de abajo con forma de V de los clípers.

Nat necesitaba ayuda para convertir su idea en una realidad. Él no era arquitecto ni constructor de barcos. Además, construir un barco costaba una gran cantidad de dinero. Nat no era un hombre rico. El encontrar a gente que ayudara en estas cosas no era fácil. La idea de Nat era tan diferente que la gente estaba horrorizada de intentar trabajar en ella.

Los mástiles de los clípers yanquis eran mucho más altos que los mástiles de los otros barcos. Sin embargo, el término "barco alto" raramente fue usado en la edad dorada de los barcos de vela.

mástiles

Nat nunca dio por vencida su idea de barcos más rápidos.

Por algún tiempo pareció que la idea de Nat nunca sería puesta a prueba. Pero un día memorable, Nat conoció a Edward Collins. Edward tenía una compañía constructora de barcos. Confió en la idea de Nat y aceptó darle el dinero para construir el barco.

Juntos fueron a buscar un arquitecto. John Willis Griffiths era un diseñador a quien le encantaban las ideas nuevas. Él era el arquitecto adecuado para el proyecto.

Tenían la idea, el dinero y el diseño. Sólo faltaba una pieza. Necesitaban a alguien para la construcción del barco. Los hombres contrataron a Donald McKay para ser el líder de la construcción. La idea se convirtió en realidad.

Los barcos clíper yanquis eran largos y delgados, con cuatro velas. Lo más importante era que estaban construidos para navegar rápidamente y transportar cargamento.

Donald McKay se hizo famoso como constructor de barcos clíper. Su barco el Great Republic tenía 302 pies de largo. Fue el barco clíper americano más grande que jamás fuera construido.

Hoy aquí, mañana desaparecido

Los marineros hacían carreras a través de los océanos. Muchos capitanes de barcos clíper establecieron récords. Un barco, el John Baines, navegó de Boston a Inglaterra en menos de 13 días.

Los barcos clíper yanquis viajaban en menos tiempo. Pero los viajes aún eran largos. El *Flying Cloud* estableció un récord navegando de Nueva York a San Francisco, pasando por Cape Hook, en 89 días.

Viajes con éxito

BARCO	RUTA	DURACIÓN
James Baines	alrededor del mundo	133 días
Nightingale	Shanghai a Londres	91 días
Sea Witch	Canton a Nueva York	81 días
Richard	Nueva York a Bombay	88 días
Flying Cloud	Nueva York a San Francisco	89 días

Los capitanes de barco frecuentemente estaban lejos de sus hogares durante mucho tiempo. En viajes largos, muchos de ellos llevaban a sus familias a bordo.

Nuevas ideas ayudaron a que los negocios crecieran. Crearon una necesidad para el clíper yanqui. Sin embargo, otra idea acabó con ellos. A finales del siglo XIX, los barcos con máquinas de vapor hicieron que los clípers resultaran obsoletos. Estos barcos no dependían del viento y podían mover productos más de prisa y por menos dinero.

A finales de la década de 1850, el barco de vapor era más útil y más popular para transportar productos a grandes distancias.

Responder

Armapalabras Haz un mapa de cuatro cuadrados alrededor de la palabra marinero. ¿Qué palabras usarías para describir a un marinero? Copia la gráfica de abajo y añade más palabras.

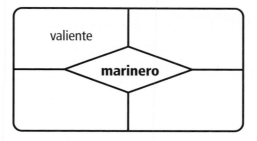

¡A escribir!

El texto y tú A los marineros que construían clípers y navegaban en ellos les gustaban las aventuras. Escribe un párrafo que describa una aventura que tú hayas tenido. Incluye por lo menos dos palabras del Armapalabras.

✔ VOCABULARIO CLAVE

anhelo	horrorizado
condición	marinero
desaparecer	memorable
escasez	ola
escabullirse	traicionar

✔ **ESTRATEGIA CLAVE** **Inferir/Predecir** Utiliza las pistas del texto para determinar lo que el autor no dice exactamente.

Acertijo Me encanta ver las _____ del mar, formando esa hermosa espuma blanca.